Ger de Koning

Engel –
es gibt sie (wieder)

Ger de Koning

ENGEL ...

... es gibt sie (wieder)

Daniel

2. Auflage 2010

www.Daniel-Verlag.de
Lychener Straße 7, 17279 Lychen
Umschlag: ideegrafik, Jürgen Benner
Übersetzung: Michael Schneider
Druck: CPI books, Ulm

ISBN 978-3-935955-20-1

Inhalt

Einleitung 6

1. Der Ursprung 10

2. Die auserwählten Engel 16

3. Engel und der Herr Jesus 23

4. Dienstbare Geister 32

5. Engel und die Gemeinde Gottes 45

6. Die gefallenen Engel 53

7. Die Zukunft der Engel 63

Einleitung

Engel populärer als Gott

Engel sind wieder da. Nicht dass es sie eine Zeitlang nicht gegeben hätte. Nein, sie stehen wieder im allgemeinen Interesse. Im „Spiegel“ 52/2001 war ihnen ein ganzer Artikel gewidmet. Darüber stand: „Schwebende Doppelgänger. Sie fliegen durch Popsongs und Esoterikläden, Bücher und Museen: Engel sind Kult. Der Boom dieser Sehnsuchtswesen lindert das Leiden an der Realität.“ Aus dem weiteren Verlauf des Artikels ging hervor, dass unter den Erdlingen ein großes Interesse an diesen „spirituellen Geheimagenten“ besteht. Anscheinend haben die Ereignisse in New York am 11. September 2001 zu einem neuen, größeren Interesse geführt. Das behauptet jedenfalls der Philosoph und Soziologe Jürgen Habermas in seiner Dankesrede für den Friedenspreis des deutschen Buchhandels: Der 11. September habe „im Innersten der Gesellschaft eine religiöse Saite in Schwingung versetzt“.

Jeder zweite Deutsche glaubt an seinen Engel, der als eine Art persönlicher Leibwache fungiert; jeder Zehnte ist laut einer Forsa-Umfrage davon überzeugt, schon einmal einem Engel begegnet zu sein. An den christlichen Gott glauben dagegen nur noch etwa zwölf Prozent der Bevölkerung. Engel sind „deutlich populärer als Gott“. Über 250 Engelbücher gibt es inzwischen auf dem Buchmarkt. „Die Enzyklopädie der Engel“, das gerade erschienene Buch der Französin Alix de Saint-André, geht „auf amüsante Weise“ Fragen über Engel nach. Sie meint, ein Engel lasse sich nicht ohne weiteres sehen, er sei zwar „Angestellter der himmlischen Telekom, doch leider ist die Bibel kein Telefonbuch“.

Die beste Enzyklopädie

Nein, die Bibel ist kein Telefonbuch. Aber sie ist die beste „Enzyklopädie“, das beste Nachschlagewerk über Engel. Menschliche Berichte über Engelserscheinungen gibt es viele. Aber was soll man damit anfangen? Sind sie echt oder nur Einbildung? Jede Geschichte ist so viel wert wie der Mensch, der sie erzählt. Und was ist der Mensch? Es gibt nichts Veränderlicheres als den Menschen. Der Einzige, der in seinem Wesen und in seinen Aussagen unveränderlich ist, ist Gott. Er hat seine unveränderliche Wahrheit den Menschen mitgeteilt – in seinem Wort, in der Bibel. Auch über Engel. Wir sind auf Ihn angewiesen, um etwas über Engel in Erfahrung zu bringen. Engel gehören ja zur höheren Welt, zur Welt des Unsichtbaren, zur Welt der Geister. Unsichtbar, für Menschen nicht wahrnehmbar, aber doch real. Kein Traum und keine Fiktion. Es gibt gute und böse Engel, gute und böse Geister. In Gottes „Enzyklopädie“ finden sich rund 250 Hinweise auf Engel. Das ist nicht wenig. Dort muss also etwas zu erfahren sein über ihre Entstehung, ihre Tätigkeit, ihre Zukunft.

Zentrum

In der Studie, die Sie jetzt zur Hand genommen haben, wollen wir in Gottes Nachschlagewerk blättern. Ich weiß nicht, ob Sie dieses Nachschlagewerk besitzen; wenn nicht, können Sie es beim Verlag dieses Büchleins bestellen. Er schickt es Ihnen gerne zu.

Wer sich anhand der Bibel mit Engeln beschäftigt, stößt immer auf Jesus Christus. Er ist das Zentrum der Bibel, das Zentrum von allem, was Gott geschaffen hat, also auch das Zentrum der Engelwelt. Bei den guten Engeln steht Er im Zentrum der Bewunderung; sie verlangen danach, Ihn zu ehren. Bei den bösen Engeln steht Er im Zentrum des Hasses; sie verlangen danach, Ihn so viel wie möglich zu verunehren. Stellen Sie Ihn ins Zentrum, und alle Dinge bekommen ihre wahre Bedeutung. Auch Ihr eigenes Leben bekommt seinen echten Sinn und sein echtes Ziel, wenn Sie Ihn ins Zentrum stellen. Sie sind für Ihn da, und Er ist für Sie da.

Fragen

Haben Sie Fragen über Gott, über Jesus, über die Bibel, über den Sinn Ihres Lebens, über das, was Sie auf den folgenden Seiten lesen? Stellen Sie sie ruhig. Schreiben Sie an:

Daniel-Verlag
Lychener Straße 7
17279 Lychen OT Retzow

Ihre Post wird dann an mich weitergeleitet. Ich wünsche Ihnen Gottes Segen.

Ger de Koning
Middelburg, Holland, im August 2002

1. Der Ursprung

Engel sind geschaffen

Engel. Man sieht sie nicht. Und doch gibt es sie, unzählbar viele (Hiob 25,3a). Es gibt sie, weil der Herr Jesus sie geschaffen hat. Wir lesen das in Kolosser 1,16. Dort steht auch, warum Er sie geschaffen hat: Sie sind „für ihn geschaffen", zu seiner Ehre, um Ihm zu dienen. Er schuf die Engel, um in jedem und durch jeden geschaffenen Engel etwas von seiner Herrlichkeit als Schöpfer bekannt zu machen. Engel gehören zur übersinnlichen, geistigen Welt. Sie sind geistige Wesen. Keine Wesen von Fleisch und Blut (Lukas 24,39), sondern Wesen mit einem himmlischen, geistigen Körper (siehe 1. Korinther 15,40.44). Sie sind die „Fürstentümer und Gewalten", die sich „in den himmlischen Örtern" befinden (Epheser 3,10).

Die unzählbare Menge von Engeln ist nicht durch Vermehrung entstanden. Dem Menschen (Mann und Frau) gab Gott den Auftrag: „Seid fruchtbar und mehrt euch“ (1. Mose 1,28; siehe auch Apostelgeschichte 17,26). Mit den Engeln hat Er nicht so gehandelt. Engel sind geschlechtslos. Sie gehören zu einer anderen Ordnung der Dinge, wo es kein Heiraten und keine Fortpflanzung gibt (Matthäus 22,30; Markus 12,25; Lukas 20,35.36). Im Gegensatz zu Mensch und Tier, die sich durch Fortpflanzung vermehren, hat der Herr Jesus jeden Engel einzeln geschaffen. Die Anzahl der Engel, die Er schuf, hat sich seit ihrer Erschaffung nicht um einen einzigen erhöht oder verringert. Die Mindestanzahl steht in Offenbarung 5,11: „Zehntausende mal Zehntausende und Tausende mal Tausende“. Die Zahl der Engel, die dort den Thron umgeben, beträgt also mehrere hundert Millionen. (Satan und seine Dämonen sind darin natürlich nicht enthalten.)

Diese enorme Zahl von Engeln wurde von dem Herrn Jesus erschaffen, noch bevor Er die Erde schuf. Wenn der Herr zu Hiob über die Grundfesten der Erde spricht, erwähnt Er jubelnde Engel (Hiob 38,4–7): Die Söhne Gottes, die dort genannt werden, sind Engel. Ein Vergleich mit Hiob 1,6 und 2,1 macht das deutlich.

Scheidung der Geister

Innerhalb der ursprünglichen Zahl von geschaffenen Engeln kam es jedoch nach einiger Zeit zu einer dramatischen und unwiderruflichen Spaltung. Wann genau das geschah, ist nicht festzustellen. Allerdings können wir feststellen, was der Anlass zu diesem Drama war und wer die Initiative dazu ergriff.

In Hesekiel 28,12–19 wird einiges über den König von Tyrus gesagt. Es ist unübersehbar, dass diese Aussagen einen doppelten Boden haben. Hinter dem König von Tyrus taucht eine Gestalt auf, die in Vers 14 „ein schirmender Cherub" genannt wird. Ein Cherub ist ein Engel, der in besonderer Weise um die Herrlichkeit und Gerechtigkeit Gottes besorgt ist (1. Mose 3,24; Hesekiel 10). Aus der Beschreibung dieses „schirmenden Cherubs" geht hervor, dass er eine besondere Position und besondere Qualitäten hatte. Er hatte „ausgebreitete Flügel", was den Aspekt der Beschirmung und Bewachung betont (vgl. 2. Mose 25,18–22; 1. Könige 6,23–35). Gott hatte diesem Engelfürsten einen Platz in seiner unmittelbaren Nähe gegeben, auf seinem „heiligen Berg". Dort ging er „mitten unter feurigen Steinen" einher. Er war in einer Umgebung zu Hause, wo Gottes Heiligkeit alle Sünde verzehrt („feurige") und Gottes Herrlichkeit von allem reflektiert wird („Steine"). Nichts deutete darauf hin, dass dieser hochgestellte, hochprivilegierte Engel unzufrieden werden würde. Es war nichts an ihm auszusetzen von dem Tag an, als er geschaffen wurde, „bis …".

Mit diesem „bis" wird eine Tragödie eingeleitet, die ihresgleichen nicht kennt. Alle Vortrefflichkeiten dieses Cherubs fanden mit einem Mal ein Ende: „... bis

Unrecht an dir gefunden wurde." Diese Feststellung konnte nur Gott treffen, denn „kein Geschöpf ist vor ihm unsichtbar, sondern alles ist bloß und aufgedeckt vor den Augen dessen, mit dem wir [und auch die Engel] es zu tun haben" (Hebräer 4,13). Äußerlich schien alles unverändert. Aber Gott sah ins Innere dieses Engelfürsten. Er sah das Unrecht und nannte die Ursache.

Hier haben wir den Fall des höchsten Engels, hier beginnt die Existenz Satans, hier entsteht die Sünde. Die Scheidung der Geister hat begonnen. Die Kluft, die in Ewigkeit bestehen bleibt, ist eine Tatsache. Für den Menschen wurde, Gott sei Dank, eine Brücke über die Kluft geschlagen: Jesus Christus, der Sohn Gottes, starb am Kreuz für jeden, der sich bekehrt „von der Finsternis zum Licht und von der Gewalt des Satans zu Gott, damit sie Vergebung der Sünden empfangen und ein Erbe unter denen, die durch den Glauben an mich [das ist der Herr Jesus] geheiligt sind" (Apostelgeschichte 26,18).

Die Ursache des Dramas

Wie kam es, dass ein so abstoßendes Unrecht in diesem so privilegierten Engel aufkeimen konnte? Weil er sich nicht mehr auf Gott ausrichtete, sondern von seiner eigenen Wichtigkeit erfüllt wurde. Er wurde stolz auf seine eigene Schönheit (Hesekiel 28,16.17). Das konnte Gott nicht dulden. Er fällte sein Urteil.

Jesaja spricht in Kapitel 14,12–15 von demselben Ereignis: „Wie bist du vom Himmel gefallen, du Glanzstern, Sohn der Morgenröte; zur Erde gefällt, Überwältiger der Nationen! Und du, du sprachst in deinem Herzen: ‚Zum Himmel will ich hinaufsteigen, hoch über die Sterne Gottes meinen Thron erheben und mich niedersetzen auf den Versammlungsberg im äußersten Norden. Ich will hinauffahren auf Wolkenhöhen, mich gleichmachen dem Höchsten.' Doch in den Scheol wirst du hinabgestürzt, in die tiefste Grube."

Hier kommt noch deutlicher zum Ausdruck, was diesen Engelfürsten zum Satan machte: Er wollte Gott gleich sein. Die Bibel nennt diese Sünde Hochmut. Sie zog den Fall dieses Engels nach sich. Hochmut zieht immer einen Fall nach sich, auch bei jedem Menschen. Hochmut ist, mehr sein zu wollen, als man ist, sich über die Stellung zu erheben, die man bekommen hat. Paulus mahnt, dass jemand, der die Aufgabe eines Aufsehers im Haus Gottes erfüllen will, kein Neubekehrter sein darf, „damit er nicht, aufgebläht, ins Gericht des Teufels falle" (d. h. sich überhebe wie der Teufel und so unter dasselbe Strafurteil Gottes falle; 1. Timotheus 3,6).

Seit seinem Fall ist Satan der erklärte schonungslose Widersacher Gottes. Der Name „Satan" bedeutet „Widersacher". Aber er steht in seinem erbarmungslosen Kampf nicht allein. Er hat seine hohe Stellung auch dazu missbraucht, bei seinem Aufstand gegen Gott viele Engel mitzureißen. In Matthäus 25,41 lesen wir vom „ewigen Feuer, das dem Teufel und seinen Engeln bereitet ist", und in Offenbarung 12,9 lesen wir von Satan und seinen Engeln. Diese Engel haben sich auf seine Seite gestellt. Sie sind auch unter dem Namen „Dämonen" bekannt.

Aber Gott hat dafür gesorgt, dass nicht alle Engel von Satan irregeführt wurden. Die Hunderte Millionen von Engeln aus Offenbarung 5,11 sind davor bewahrt geblieben. Sie werden bezeichnenderweise „auserwählte Engel" genannt (1. Timotheus 5,21). Gott hat sie dazu auserwählt, Ihm treu zu bleiben. Sie werden weiterhin der Aufgabe gerecht, zu der Er sie erschaffen hat.

Auf diese „auserwählten Engel" werden wir nun zunächst unsere Aufmerksamkeit richten. Danach werden wir auch noch die Tätigkeit und das Ende Satans und seiner Dämonen betrachten.

2. Die auserwählten Engel

Ordnungen und Ränge

Wir können in der Welt der Engel verschiedene Ränge und Ordnungen erkennen. Wie schon gesagt, kommt das Wort „Engel" in der Bibel mehr als 250 Mal vor. Eine besondere Bezeichnung ist „der Engel des HERRN". Daneben lesen wir noch von Cherubim, Seraphim, Erzengeln, Thronen, Herrschaften, Fürstentümern, Gewalten, Mächten. Wir werden in groben Zügen nachzeichnen, was die Bibel darüber sagt.

Der Engel des HERRN

Wenn dieser besondere Ausdruck verwendet wird, ist damit oft der Herr Jesus gemeint. Es handelt sich dann um eine sogenannte „Theophanie", das ist eine Erscheinungsform Gottes. Überall wo Gott sich offenbart, tut Er das im Herrn Jesus. Da der

Herr Jesus im Alten Testament noch nicht „im Fleisch offenbart“ (1. Timotheus 3,16) war, erscheint Er dort in Gestalt eines Engels. Aus dem Zusammenhang muss dann ersichtlich werden, ob es sich tatsächlich um eine Erscheinung Gottes handelt oder doch nur um einen „normalen“ Engel. So wird in 1. Mose 16,7–14 mehrmals „der Engel des HERRN“ erwähnt. Der Zusammenhang macht klar, dass es dort um den HERRN selbst geht (Verse 10.13).

Der HERR im Alten Testament ist der Herr Jesus. Das wird aus einem Vergleich zwischen Jesaja 6,1–5 und Johannes 12,37–41 deutlich: Was in Jesaja 6,1–5 über den HERRN steht, bezieht sich nach Johannes 12,41 auf den Herrn Jesus. Wenn also vom Engel des HERRN als Erscheinung des HERRN die Rede ist, handelt es sich um eine alttestamentliche Erscheinung des Herrn Jesus. Auch in 1. Mose 22,15.16 erweist sich der Engel des HERRN als der HERR selbst.

Cherubim

Die Cherubim werden mehrmals mit dem Thron Gottes identifiziert (Psalm 80,2; 99,1; Jesaja 37,16) oder damit in Verbindung gebracht (Hesekiel 10,1). Ein Thron deutet auf Regierung und die Ausübung von Gerechtigkeit hin. Das zeigt sich bereits bei der ersten Erwähnung von Cherubim in der Bibel, in 1. Mose 3,24. Dort sorgen sie dafür, dass Gottes gerechtes Urteil über den in Sünde gefallenen Menschen ausgeführt wird: Sie versperren mit einem flammenden Schwert den Weg zum Baum des Lebens.

Cherubim sind auch zu sehen im Zelt der Zusammenkunft, Gottes Wohnung inmitten seines Volkes Israel in der Wüste: Sie sind auf den Vorhang gestickt, der den Zugang zum Allerheiligsten versperrt (2. Mose 26,31). Sie bewachen den Zugang zu Gott, damit der sündige Mensch nicht zu Ihm kommt. Gott kann niemals mit Sünde in Verbindung gebracht werden. Hinter dem Vorhang, auf der Lade, thront Gott zwischen den Cherubim (2. Mose 25,22).

Seraphim

Die einzige Stelle, wo diese Wesen erwähnt werden, ist Jesaja 6,2–7. Nach der Bedeutung ihres Namens sind sie „feurige Wesen", Feuerengel. Sie legen ein deutliches Zeugnis von der Heiligkeit Gottes ab, indem sie einander zurufen: „Heilig, heilig, heilig ist der HERR der Heerscharen!" Ebenso wie die Cherubim stehen sie mit dem Thron Gottes in Verbindung. Ebenso wie die Cherubim haben auch sie Flügel. Der Unterschied zwischen Seraphim und Cherubim scheint darin zu liegen, dass Seraphim lobpreisende Engel sind, die von der Heiligkeit Gottes erfüllt sind, während es bei den Cherubim mehr um die Grundsätze von Gottes gerechter Regierung auf der Erde geht.

Erzengel

In der Bibel wird nur zweimal von einem Erzengel gesprochen, nämlich in 1. Thessalonicher 4,16 und Judas 9. An der zweiten Stelle wird ein Erzengel mit Namen genannt, der Erzengel Michael; an der ersten Stelle kommt nur das Wort „Erzengel" vor. Neben Michael wird von den Engeln in der Bibel nur noch Gabriel mit Namen genannt, und zwar einfach als „der Engel Gabriel" (Lukas 1,26; siehe auch Vers 19; Daniel 8,16; 9,21). Nur Michael wird also als Erzengel bezeichnet, Gabriel nicht.

Die kirchliche Tradition spricht von insgesamt sieben Erzengeln. Diese Auffassung wird auf Offenbarung 8,2 gegründet, wo von den „sieben Engeln, die vor Gott stehen", die Rede ist. Neben den beiden bereits genannten Namen kursieren in der kirchlichen Tradition noch die Namen Raphael, Uriel, Raguel, Remiel und Raziel. Doch dafür fehlt jede biblische Grundlage. Deshalb können wir die sogenannten Erzengel als reine Erfindungen beiseitelassen. Die einzige zuverlässige Quelle für die Beschäftigung mit Engeln ist die Bibel.

Über Michael wird bei genauerer Untersuchung noch mehr deutlich; sein Name wird nämlich auch noch in Daniel 10,13; 12,1 und Offenbarung 12,7 genannt. An diesen Stellen erweist er sich immer als Gegner Satans. Die Bedeutung seines Namens („Wer ist wie Gott?") macht ihn zum passenden Werkzeug gegen Satan. Satan wollte sich ja Gott gleichstellen (Jesaja

14,14). Aber niemand ist Gott gleich (Jesaja 40,25; Jeremia 10,6.7; 49,19; 50,44). Auffallend ist auch die Beziehung, die zwischen Michael und Israel zu bestehen scheint. Jedes Mal, wenn von ihm gesprochen wird, geschieht das in Verbindung mit diesem Volk.

Throne – Herrschaften – Fürstentümer – Gewalten – Mächte

Mit diesen Bezeichnungen sind ebenfalls Engel gemeint (z. B. Epheser 6,12; Kolosser 1,16; 1. Petrus 3,22). Schauen wir uns beispielsweise Epheser 6,12 an. Dort wird ein deutlicher Kontrast hergestellt zwischen dem Sichtbaren („Fleisch und Blut") und dem Unsichtbaren („geistliche Mächte ... in den himmlischen Örtern").

Worin der Unterschied zwischen den einzelnen Bezeichnungen besteht, ist schwer zu sagen. Ich bin dazu jedenfalls nicht in der Lage. Möglicherweise deutet die hier gegebene Einteilung auf einen hohen Grad von Organisation innerhalb der Engelwelt hin. Das Wichtigste ist, dass alle diese Mächte von Christus geschaffen und Ihm unterworfen sind.

„Normale" Engel

Bleiben noch die „normalen" Engel. Das Wort „Engel" bedeutet „Bote, Botschafter, Gesandter". Damit kann ein himmlischer, aber auch ein menschlicher Bote gemeint sein. „Engel“ als Bezeichnung für menschliche Boten findet man in Haggai 1,13; Maleachi 2,7 und Offenbarung 1,20.

Engel sind keine ewigen, sondern geschaffene Wesen. Allerdings werden sie in Ewigkeit weiterbestehen. Sie haben eine eigene Persönlichkeit. Auch haben sie einen Willen. (Deshalb wird Satan persönlich für seinen Aufstand gegen Gott gerichtet, ebenso wie alle Engel, die ihm gefolgt sind.) Sie sind mit Einsicht, mit Weisheit begabt (2. Samuel 14,17.20). Michael lässt bei seinem Streit mit dem Satan um den Leib Moses eine persönliche Überzeugung und Abwägung erkennen und zieht daraus eine Schlussfolgerung: Er „wagte nicht, ein lästerndes Urteil über ihn zu fällen, sondern sprach: Der Herr schelte dich!“ (Judas 9). Dieses Handeln mit Einsicht finden wir auch bei Gabriel in seinem Gespräch mit Zacharias (Lukas 1,11–21): Er erlegt Zacharias eine Strafe auf, weil dieser den Worten Gabriels („meinen Worten“, Vers 20) nicht glaubte.

Auch haben Engel Gefühle. Sie jubelten bei der Schöpfung (Hiob 38,4–7). Und der Herr Jesus sagt in seinem Gleichnis von der verlorenen Drachme: „Ebenso, sage ich euch, ist Freude vor den Engeln Gottes über *einen* Sünder, der Buße tut“ (Lukas 15,10). Es geht hier um die Freude Gottes, die von den Engeln wahrgenommen wird. Aber sollten die, die bei der Schöpfung jubelten, nicht auch an Gottes Freude teilhaben, wenn jemand „eine neue Schöpfung“ wird (2. Korinther 5,17)?

Weitere Kennzeichen

Engel sind also Persönlichkeiten. Sie besitzen einen Willen, Weisheit und Einsicht, Gefühle. Allen Bildern und Gemälden zum Trotz sind sie keine geflügelten, niedlichen Figuren, die auf einer Wolke sitzen und Harfe spielen. Außer bei den Cherubim und Seraphim ist nirgendwo ein Hinweis zu finden, dass Engel Flügel haben. Vielmehr werden sie „Gewaltige an Kraft" genannt (Psalm 103,20). Ausdrücke wie „Gewalten und Mächte" (1. Petrus 3,22) und „ein starker Engel" (Offenbarung 18,21) unterstreichen das. Es sind Wesen, die bei ihrer Erscheinung oft Angst auslösen und Ehrfurcht einflößen. Zu ängstlichen Gläubigen sprechen sie zuerst ein beruhigendes Wort, bevor sie ihre Botschaft ausrichten (Lukas 1,13.30; 2,10; Matthäus 28,2–5).

Ein weiteres wichtiges Kennzeichen ist ihr Gehorsam. Ohne jeden Widerspruch tun sie augenblicklich, was Gott ihnen aufträgt. Sie sind „Täter seines Wortes, gehorsam der Stimme seines Wortes" (Psalm 103,20). Im Himmel tun sie den Willen des Vaters, der in den Himmeln ist (siehe Matthäus 6,10). Sie sind „Diener, Täter seines Wohlgefallens" (Psalm 103,21). Das Wort „Diener" gibt die Auswirkung ihres Gehorsams ausgezeichnet wieder. In Hebräer 1,7 werden sie „Diener" genannt und etwas später, in Vers 14, „dienstbare Geister".

3. Engel und der Herr Jesus

Engel verehren?

In dem soeben angeführten Kapitel Hebräer 1 stellt der Autor in den Versen 5–14 einen einmaligen Vergleich zwischen dem Herrn Jesus und den Engeln an. In sieben Zitaten aus dem Alten Testament wird die unendliche Überlegenheit des Herrn Jesus über die Engel unwiderlegbar nachgewiesen. Das war nötig, weil die Juden den Engeln eine übertriebene Ehre erwiesen. Sie beteten Engel an (Kolosser 2,18). Das ist nun gerade das, was ein Engel nicht will und auch nicht akzeptiert. Engel lehnen Ehrenerweisungen von Menschen ab (Offenbarung 19,10; 22,9). Sie nennen sich selbst „Mitknechte" aller Menschen, die auf Gottes Wort hören. Mit solchen stehen sie als Knechte auf derselben Ebene; solche Menschen lehnen ebenfalls jede Ehrenerweisung ab (Apostelgeschichte 10,25.26; 14,15). Kein Geschöpf darf angebetet werden; nur Gott hat das Recht dazu.

Der Autor des Hebräerbriefes stellt diesen Vergleich an, weil die gläubigen Empfänger des Briefes sich nur schwer von dem alten jüdischen System lösen konnten. Dieses System war aufgrund des Kommens Christi, seines Werkes und seiner Himmelfahrt „alt und veraltet und dem Verschwinden nahe" (Hebräer 8,13). Nun bildeten Engel allerdings einen wesentlichen Bestandteil des gesamten jüdischen Systems. Sie waren sogar an dessen Gründung beteiligt gewesen: Durch sie war dem Volk das Gesetz gegeben worden (Apostelgeschichte 7,53; Galater 3,19; Hebräer 2,2). Auch erschien der HERR (Jahwe) im Alten Testament gewöhnlich in Gestalt eines Engels, des Engels des HERRN (siehe oben).

Aus diesen Gründen waren die Engel in der Vorstellung der Juden nach Gott die höchsten Wesen im Weltall. Sie waren die auserwählten Boten des göttlichen Willens. Nun bereitete es dem Denken der Juden Probleme, dass eine göttliche Person Mensch geworden sein sollte. Für sie hatte ein Mensch einen viel niedrigeren Rang als ein Engel. Und damit hatten sie sogar Recht: Immerhin wollte Johannes einen Engel anbeten (Offenbarung 19,10; 22,8.9). Aber, so sagt der Autor des Hebräerbriefes, Christus hat als Mensch eine Stellung eingenommen, die viel höher ist als die der Engel.

Jesus: viel höher als die Engel

Unmittelbar bevor er mit seinem Vergleich beginnt, sagt er deshalb, dass Christus „sich gesetzt hat zur Rechten der Majestät in der Höhe; indem er um so viel besser geworden ist als die Engel, als er einen vorzüglicheren Namen vor ihnen ererbt hat" (Hebräer 1,3.4). Der Herr Jesus hat als sein eigenes, einzigartiges Erbteil einen Namen, der den der Engel weit überragt.

Der Name gibt in der Bibel oft an, was für eine Person jemand ist (vgl. Matthäus 1,21; Hebräer 7,1.2). Im Fall des Herrn Jesus geht es hier um einen nicht näher bezeichneten Namen. Das bedeutet, dass der Ausdruck „Name" hier in seinem weitestmöglichen Sinn aufgefasst werden kann. Der „Name" umfasst alle Kennzeichen Christi. In den folgenden Versen führt der Autor einige davon an, um den Unterschied zu den Engeln und die Erhabenheit über sie deutlich zu machen. Er tut das anhand dessen, was die Juden in ihren eigenen alttestamentlichen Schriften lesen konnten. Durch diesen Vergleich erfahren wir wieder mehr über die Engel.

Kein Sohn

a) Hebräer 1,5a: Nur zu dem Herrn Jesus hat Gott gesagt, dass Er sein Sohn ist. Niemals hat Gott das zu irgendeinem Engel persönlich gesagt. Engel werden zwar Söhne Gottes genannt (1. Mose 6,2; Hiob 1,6), aber das ist im Sinne von Geschöpfen gemeint. So wird auch Adam Sohn Gottes genannt (Lukas 3,38). Ein Engel steht mit Gott nur als Geschöpf gegenüber seinem Schöpfer in Verbindung.

Keine persönliche Beziehung zum Vater

b) Hebräer 1,5b: Hier wird die persönliche Beziehung des Vaters zum Sohn betont. Von dieser Beziehung legt Gott Zeugnis ab, wenn Er sagt: „*Du* bist mein geliebter Sohn, an dir habe ich Wohlgefallen gefunden" (Lukas 3,22). Selbst gegenüber dem vortrefflichsten Engel gibt es kein solches Zeugnis in der Bibel.

Sie beten den Herrn Jesus an

c) Hebräer 1,6: Anbetung kommt nur einer göttlichen Person zu. „Alle" Engel werden hierzu aufgerufen, nicht nur einige. Sie werden „Engel Gottes" genannt. Das macht deutlich, dass diese Geschöpfe Ihm sehr nahe stehen. Auch zeigt es, dass sie Werkzeuge seiner Macht und Regierung sind. Aber wie privilegiert sie auch sein mögen: Sie müssen den Erstgeborenen bei seinem Eintritt in die Welt anbeten. Deshalb haben sie bei seiner Geburt gejubelt (Lukas 2,13).

Zu Winden und zu einer Feuerflamme gemacht

d) Hebräer 1,7: Die Engel sind zu etwas *gemacht*, nämlich zu „Winden" (oder „Geistern") und zu einer „Feuerflamme“. Der Sohn dagegen ist nicht zu etwas gemacht. Er *ist* Sohn, während die Engel mit nichts mehr als mit den elementaren Kräften von Wind und Feuer verglichen werden. Die Boten, diese unsichtbaren Wesen, sind schnell und unsichtbar wie der Wind, aber ihr Wirken ist wahrnehmbar. Sie sind Diener mit einer Macht wie Feuer, furchtbar, schreckenerregend, verzehrend. Damit sind Engel zwar über die Menschen erhaben, aber der Sohn ist unendlich weit über die Engel erhaben.

Sie regieren nicht

e) Hebräer 1,8.9: Dieses Zitat nennt die Kennzeichen der Herrschaft und Unvergänglichkeit. Im Mittelpunkt steht der Sohn. Er ist nicht zu etwas gemacht wie die Engel, sondern Gott erkennt Ihn als den an, der Er ist: Gott. Er hat einen Thron, der in alle Ewigkeit besteht. Es ist ein ewiger Thron, weil seine Grundlage Gerechtigkeit ist. Menschliche Throne haben diese Grundlage nicht und sind daher von vorübergehender Art. Zu seinem Thron gehört eine Regierung, die rechtmäßig ist. Engel sitzen nicht auf einem Thron. Sie stehen vor dem Thron, bereit zu dienen.

Sie sind und bleiben Geschöpfe

f) Hebräer 1,10–12: Dieser Vers beginnt mit „Und“ und schließt damit an den vorangegangenen Vers an. Er ist eine Ergänzung zu dem, was bereits über den Sohn gesagt wurde. Er wird hier nicht nur als Mensch gesehen, sondern als Mensch in der tiefsten Erniedrigung, in Leiden und Tod. Dennoch wird Er von Gott als Schöpfer von Himmel und Erde anerkannt. Mochte Er auch erniedrigt sein, Er war der Schöpfer, auch der Schöpfer der Engel. Im Gegensatz zu seinen Werken wird Er selbst bleiben. Es gibt einen enormen Unterschied zwischen Schöpfer und Schöpfung. Die Schöpfung wird verwandelt werden, aber Er selbst ist der Ewige und Unwandelbare.

Sie stehen

g) Hebräer 1,13.14: Der Sohn hat von Gott seinen eigenen Platz zur Rechten der Majestät in den Himmeln bekommen. Selbst zum mächtigsten Engel wird Gott niemals das sagen, was Er zum Sohn sagt: „Setze dich zu meiner Rechten." Der Sohn sitzt jetzt, während die Engel immer stehen (Lukas 1,19; Offenbarung 8,2).[1] Wenn Michael und seine Engel gegen den Drachen und dessen Engel gekämpft und gesiegt haben (Offenbarung 12,7.8), werden sie in Gottes Gegenwart zurückkehren und dort stehen. Sie werden wieder bescheiden ihren Platz als Diener einnehmen und auf den nächsten Auftrag warten. Denn sie sind „alle dienstbare Geister, ausgesandt zum Dienst um derer willen, die die Errettung erben sollen" (Hebräer 1,14).

---

1 Ausnahmen finden wir in Matthäus 28,2; Richter 6,11 und Johannes 20,12.

Gesehen von den Engeln

Engel sind also dienstbare Geister. Ihr Dienst für Menschen kommt gleich noch an die Reihe. Der Dienst, den sie für den Herrn Jesus verrichteten, als Er als Mensch auf der Erde war, verdient besondere Aufmerksamkeit. In 1. Timotheus 3,16 steht in *einem* Vers ein großer Reichtum an Herrlichkeit, der mit der Menschwerdung des Herrn Jesus zu tun hat. Darin haben auch die Engel einen Platz. „Und anerkannt groß ist das Geheimnis der Gottseligkeit: Er, der offenbart worden ist im Fleisch, ist gerechtfertigt im Geist, gesehen von den Engeln, gepredigt unter den Nationen, geglaubt in der Welt, aufgenommen in Herrlichkeit." Es lohnt sich, sich mit jedem Teil dieses Verses länger zu beschäftigen. Im Rahmen dieser Studie geht es jedoch nur um die Aussage „gesehen von den Engeln".

Die Engel haben ihren Schöpfer niemals gesehen. Gott bewohnt ja ein unzugängliches Licht (1. Timotheus 6,16). Von den Seraphim lesen wir, dass sie mit zwei Flügeln ihr Gesicht bedecken (Jesaja 6,2), da es ihnen unmöglich ist, etwas von jenem alles blendenden Licht Gottes zu sehen. Aber als der Herr Jesus geboren wird, sehen sie ihren Schöpfer. Ihr Erstaunen darüber, dass Er Mensch geworden ist, wird groß gewesen sein. Sie hatten in ihrem Dienst auf der Erde ja schon einiges vom Menschen gesehen, und das dürfte ihnen kein anregendes Bild gegeben haben. Aber als Er geboren wird, sind sie da. Ein

Engel verkündigt große Freude. Als er ausgeredet hat, ist „bei dem Engel eine Menge des himmlischen Heeres, das Gott lobte und sprach: Herrlichkeit Gott in der Höhe und Friede auf der Erde, an den Menschen ein Wohlgefallen!“ (Lukas 2,8–15).

Engel dien(t)en dem Herrn Jesus

Als der Herr Jesus herangewachsen ist und seinen Dienst beginnt, wird Er zuerst noch vierzig Tage vom Teufel versucht. Er hält diesen Versuchungen glanzvoll stand. „Dann verlässt ihn der Teufel, und siehe, Engel kamen herzu und dienten ihm“ (Matthäus 4,11). Als Er in Gethsemane ist, kommt „ein Engel vom Himmel, der ihn stärkte“ (Lukas 22,43). Als Er wenig später gefangen genommen wird, ist Er sich bewusst, dass Er eine große Engelmacht in Anspruch nehmen könnte (Matthäus 26,53). Er spricht von „mehr als zwölf Legionen Engeln“. Das sind mal eben 72.000 Engel. Wenn wir bedenken, dass *ein* Engel einmal in *einer* Nacht 185.000 Mann tötete (Jesaja 37,36), bedeutet das, dass diese Engelmacht in der Lage wäre, die gesamte heutige Welt zweimal zu vertilgen. Stellen Sie sich vor, dass diese Engel atemlos zugeschaut haben, wie nichtige Geschöpfe ihren Schöpfer behandelten. Stellen Sie sich vor, dass *ein* Seufzer des Heilands genügt hätte, um sie herbeieilen zu lassen, um ihren Schöpfer zu befreien.

Ein Engel rollte nach der Auferstehung des Heilands den Stein vom Grab weg (Matthäus 28,2). Dieser Engel bezeugte gegenüber den Frauen die Auferstehung des Herrn Jesus (Matthäus 28,6). Engel waren dabei, als Er in den Himmel zurückkehrte (Apostelgeschichte 1,10). Sie werden auch dabei sein, wenn Er wieder auf die Erde zurückkehrt (2. Thessalonicher 1,7).

4. Dienstbare Geister

Engel und Menschen

Engel sind also dienstbare Geister. Dass sie dem Herrn Jesus mit großer Freude gedient haben, ist verständlich. Aber dienen sie auch versagenden und schwachen Gläubigen mit Freude? Sicher, denn es ist ihre Freude, Gott zu dienen, und wenn Gott ihnen den Auftrag gibt, versagenden und schwachen Gläubigen zu helfen, tun sie das gerne. Ihre Aufgaben sind umfangreich. Ihre Tätigkeit ist nicht langweilig. Sie bekommen die verschiedenartigsten Aufträge:

Mitteilungen machen

a) Manchmal müssen sie eine Botschaft ausrichten. Abraham bekommt Besuch von drei Engeln. Es sind drei Männer. Abraham erfährt, dass Sara und er einen Sohn bekommen werden. Im Laufe der Geschichte (1. Mose 18) wird deutlich, dass einer der drei der Herr selbst ist. Dann gehen zwei der

Männer weiter, während der HERR bei Abraham bleibt, um ihm zu sagen, was Er tun will (1. Mose 18,16.17). Die beiden anderen Männer gehen nach Sodom. In 1. Mose 19,1 steht: „Und die beiden Engel kamen am Abend nach Sodom.“ Es ist also klar, dass Abraham Engel zu Besuch hatte. Jetzt gehen sie zu Lot. Für ihn haben sie auch eine Botschaft. Diese ist alles andere als angenehm. Aber es ist eine Botschaft zu seinem Besten. Abraham und Lot gehören beide zu der Kategorie, um derentwillen die Engel ausgesandt werden: Beide werden „die Errettung erben“. – In Apostelgeschichte 8,26 hat ein Engel eine Botschaft für Philippus.

Richten

b) Manchmal müssen sie Gericht ausüben. Das hat Herodes erfahren. Er meinte göttliche Verehrung annehmen zu können. „Sogleich aber schlug ihn ein Engel des Herrn dafür, dass er nicht Gott die Ehre gab; und von Würmern zerfressen, verschied er“ (Apostelgeschichte 12,23; siehe auch Offenbarung 16,1ff.).

Stärken

c) Manchmal werden sie ausgesandt, um ermüdete Diener wieder zu Kräften zu bringen (1. Könige 19,5). Wie bereits gesagt, kam auch zu dem Herrn Jesus, als Er in Gethsemane war, „ein Engel vom Himmel, der ihn stärkte“ (Lukas 22,43). In den anderen Evangelien wird hier nicht von einem Engel gesprochen. Dass Lukas den Engel erwähnt, passt jedoch zu der Art und Weise, wie er den Herrn Jesus beschreibt: Er stellt Ihn als den wahren Menschen dar. Der Engel stärkt Ihn allerdings nur körperlich, nicht indem er ihm Mut zuspricht.

Beschützen

d) Manchmal geht ein ganzes Heer mit, um Angehörige des Volkes Gottes zu beschützen, um sie durch ihre Anwesenheit zu ermutigen. Jakob macht diese Erfahrung, als er vor seinem Bruder Esau auf der Flucht ist (1. Mose 32,1). Elisa ermutigt seinen ängstlichen Diener, indem er ihn einen Blick in die „höhere Welt" tun lässt (2. Könige 6,17).

Befreien

e) Manchmal befreien sie gefangen genommene Diener Gottes. Gott sendet sie mit diesem Auftrag aus, wenn Er denkt, dass diese Diener Ihm in Freiheit besser dienen können (Apostelgeschichte 5,19.20; 12,5–11). Andere Diener lässt Er im Gefängnis. Er lässt es sogar manchmal zu, dass sie getötet werden (Apostelgeschichte 12,2). Gott bleibt in seinem Einsetzen von Engeln souverän. Engel sind für Gläubige nicht „abrufbar".

Dienst nach dem Entschlafen

f) Sie bringen entschlafene Gläubige in die Glückseligkeit bei Gott. „Es geschah aber, dass der Arme starb und von den Engeln in den Schoß Abrahams getragen wurde" (Lukas 16,22). Nichts deutet darauf hin, dass der Herr Jesus mit der Begebenheit von dem reichen Mann und dem armen Lazarus eine erfundene Geschichte erzählt. Er zeigt hier, was wirklich geschieht, wenn jemand stirbt.

Engelserscheinungen in der Bibel

Eine der meistgestellten Fragen über Engel ist die nach Engelserscheinungen. Das ist auch legitim, denn es *sind* Engel erschienen. Sie erschienen Abraham und auch Lot. Wie? Als normale Menschen, denen nicht anzusehen war, dass sie Engel waren (1. Mose 18,16.17; 19,1). Indem sie ihnen Gastfreundschaft erwiesen, haben sowohl Abraham als auch Lot „ohne ihr Wissen Engel beherbergt" (Hebräer 13,2). Sie sind gläubig und haben noch nie einen Engel gesehen? Erweisen Sie Gastfreundschaft, und vor dem Richterstuhl des Christus wird sich zeigen, wie viele Engel Sie gesehen haben, ohne sie als solche zu erkennen (vgl. Matthäus 25,34–40).

In Matthäus 28,2 erscheint am Auferstehungsmorgen ein Engel beim Grab des Herrn Jesus, dessen „Aussehen war wie der Blitz und sein Gewand weiß wie Schnee". Das macht mehr Eindruck als ein Engel, der als unauffälliger Mensch erscheint: „Aus Furcht vor ihm erbebten die Wächter und wurden wie tot." Aber nicht nur ungläubige Soldaten bekommen Angst. Sein Aussehen flößt auch den Frauen Furcht ein, aber der Engel beruhigt sie (Matthäus 28,4.5; vgl. Lukas 1,12; 2,9; Daniel 8,17). Bei der Himmelfahrt ist von „zwei Männern in weißen Kleidern“ die Rede (Apostelgeschichte 1,10). Kornelius beschreibt den Engel Gottes, der ihn besucht hat (Apostelgeschichte 10,3), als einen „Mann ... in glänzendem Gewand“ (Vers 30). Engel können also sowohl unauffällig erscheinen als auch auffällig, mit der Ausstrahlung eines Engels (vgl. Apostelgeschichte 6,15). Wenn sie auffällig erscheinen, erwecken sie oft Furcht, große Furcht. Engel kommen aus der heiligen Gegenwart Gottes. Menschen, die mit Himmelswesen in Berührung kommen, rufen ein „Wehe“ über sich aus (Richter 6,22; Jesaja 6,5; Daniel 8,16.17; Lukas 2,9).

Engel können auch in einem Traum erscheinen (Matthäus 1,20; 2,13). Möglicherweise geschah das Reden des Herrn zu Paulus in einer Vision auch durch einen Engel (Apostelgeschichte 18,9). Die Grenzen sind nicht immer gleichermaßen deutlich zu ziehen. Das ist auch nicht notwendig, denn die Engel sind so eins mit ihrer Botschaft, dass ihr Reden als das Reden Gottes betrachtet werden kann.

Erscheinungen von Engeln außerhalb der Bibel

Viele finden es ganz nett, zu wissen, was Engel tun. Es ist erhellend, zu sehen, was über Engel so alles in der Bibel steht. Aber vielleicht sagt sich ein Leser: „Das alles fesselt mich doch nicht so sehr wie die

Frage nach ihrer Erscheinung. Was kann ein Engel für mein Leben bedeuten? Wenn ich doch nur einmal einen sehen könnte, würde das mein Glaubensleben sicher sehr stärken. Wie kann ich ihn sehen oder worin kann ich ihn erkennen?“

Nun sind die Geschichten über Engelserscheinungen Legion. Wer sagt, dass er einen gesehen hat, kann viel oder wenig Aufhebens davon machen. Ob es eine wirkliche Erscheinung war? Tatsache ist, dass es sich um eine persönliche Erfahrung handelt. Diese ist von anderen nicht nachzuprüfen. Eine persönliche Erfahrung ist auch nicht zu bestreiten. Aber was soll *ich* damit anfangen? Muss ich, der ich noch nie eine solche Erfahrung gemacht habe, auch danach verlangen? Muss ich mich benachteiligt fühlen, wenn eine solche Erfahrung ausbleibt?

Die Bibel kontra Erfahrung

Es ist für das Glaubensleben lebensgefährlich, nach einer Engelserscheinung als einer besonderen Erfahrung zu verlangen. Ich sage nicht, dass Erfahrung im Glauben keine Rolle spielt. Wer seinen Glauben nicht erlebt, erfährt, hat einen toten Glauben. Nein, ich meine ein Verlangen nach mehr, nach etwas, wovor die Schrift uns warnt: dem Eindringen in die unsichtbare Welt (Kolosser 2,18). Wer das tut, spielt dem Teufel enorm in die Hände. Er weiß, dass er die Gläubigen damit vom festen Boden der Schrift weglocken kann. Wer neben der Schrift Erfahrungen eine Rolle spielen lassen will, landet im Treibsand des menschlichen Gefühls. Das geschieht oft ganz allmählich. Ohne dass man es merkt, entfernt man sich immer mehr von der Schrift, kommt vom Weg ab und versinkt schließlich im Sumpf.

Wir dürfen die Erfahrung nicht wichtiger machen als den Glauben. Wir dürfen den Glauben auch nicht von der Erfahrung abhängig machen. Der Glaube richtet sich auf Gott und auf sein Wort. Gott ist der Gott der Wahrheit, sein Wort ist die Wahrheit, unabhängig von unserer Erfahrung. Es zeigt gerade die Kraft des Glaubens, dass wir Gott und seinem Wort vertrauen, auch wenn wir bestimmte Dinge nicht erfahren. Der Glaube sagt: Wir wissen! Gott wünscht, dass wir unsere Hoffnung allein auf Ihn, auf den Herrn Jesus und auf sein Wort setzen und nicht auf Engelserfahrungen oder welche Erfahrung auch immer.

Schutzengel?

Ein Wort über „Schutzengel“ darf nicht fehlen. Die Vorstellung von Schutzengeln ist aufgrund eines Wortes des Herrn Jesus in Matthäus 18,10 entstanden. Dort warnt Er davor, „eins dieser Kleinen“ zu verachten. „Denn“, so fügt Er hinzu, „ich sage euch, dass ihre Engel in den Himmeln allezeit das Angesicht meines Vaters schauen, der in den Himmeln ist.“ Aber ist es richtig, hieraus den Schluss zu ziehen, dass jedes Kind seinen eigenen „Schutzengel“ hat?

Es ist sicher wahr, dass Kinder unter der besonderen Aufmerksamkeit des Herrn Jesus stehen. Aus Matthäus 2,13.19 kann sogar entnommen werden, dass der Herr selbst als Kind den Schutz eines Engels genoss. Aber das Genießen einer besonderen Fürsorge bedeutet noch nicht, dass jedes Kind oder jeder Mensch einen besonderen Engel bei sich hat, der es bzw. ihn beschützt.

Es scheint in Matthäus 18 auch nicht um kleine Kinder zu gehen. Der Herr spricht in den Versen 6 und 10 nicht von Kindern, sondern von Kleinen. „Klein" bezieht sich hier nicht auf Alter oder Körpergröße, sondern hat die Bedeutung „gering" oder „demütig" und bezeichnet jemand, der „klein von sich selbst denkt". Der Herr meint hier mit „diesen Kleinen" seine Jünger. Die Engel sind hier eher Wesen, die diese Kleinen beständig vor dem Vater vertreten oder den Vater auf ihr Dasein aufmerksam machen. Wenn in diesem Abschnitt schon von Schutz die Rede ist, dann ist das Schutz vonseiten des Vaters und nicht von Engeln. Die Kleinen mögen auf der Erde verachtet werden, aber himmlische Vertreter dieser Kleinen sind beständig in der unmittelbaren Gegenwart Gottes des Vaters. Daraus leiten die Engel auch die Autorität für ihren Dienst ab. Ihr Dienst gilt den Kleinen (Hebräer 1,14).

Engel sind Geister

Eine andere Erklärung ist, dass die „Engel" der „Kleinen" die Geister der Kleinen nach ihrem Tod sind. Nach ihrem Tod sehen diese Kleinen allezeit das Angesicht des himmlischen Vaters. „Verachtet diese Kleinen nicht“, sagt der Herr, „denn ihre Bestimmung ist die unverhüllte Herrlichkeit der Gegenwart des Vaters.“ Diese Erklärung passt auch zu dem, was in Apostelgeschichte 12 über Petrus zu lesen ist.

Als Petrus von einem Engel aus dem Gefängnis befreit worden ist, geht er zum Haus von Maria. Dort sind die Gläubigen gerade dabei, für ihn zu beten. Er klopft an die Tür. Rhode, das Dienstmädchen, hört an der Tür die Stimme des Petrus. Sie freut sich so, dass sie, anstatt zu öffnen, schnell wieder hineinläuft, um zu sagen, dass Petrus vor der Tür steht. Obwohl sie die ganze Nacht für ihn gebetet haben, glauben sie ihr nicht. Trotz ihrer Beteuerung, dass es wirklich Petrus ist, sagen sie: „Es ist sein Engel“ (Apostelgeschichte 12,15). Dieses Wort hat die Vorstellung bestärkt, dass Gott jedem Gläubigen einen eigenen Engel zugeteilt habe. Aber das ist nicht die Bedeutung von dem, was die Gläubigen über Petrus sagen. Sie meinen seinen „Geist“.

Der Herr Jesus lehrt, dass die Gläubigen in der Auferstehung „wie Engel im Himmel“ sein werden. Dabei weist Er darauf hin, dass Engel nicht heiraten (Matthäus 22,30) und nicht mehr sterben (Lukas 20,36). Diese Belehrung des Herrn scheint die Möglichkeit zu unterstreichen, bei den „Engeln der Kleinen“ und bei dem „Engel des Petrus“ an ihren „Geist“ nach ihrem Tod zu denken.

Im Dienst Gottes, zu Diensten des Menschen

Es wird deutlich geworden sein, dass Engel zwar zu Diensten des Menschen eingesetzt werden, aber im Dienst Gottes stehen. *Gott* bestimmt ihre Tätigkeit. Wenn Er es für notwendig hält, dass ein Engel, in welcher Gestalt auch immer, eins seiner Kinder beschützt oder ihm hilft, geschieht das, damit *Er* dafür geehrt wird. Das war auch die Reaktion von Petrus, als ein Engel ihn aus dem Gefängnis befreite. Als der Engel mit seiner Aufgabe fertig ist, verschwindet er. Dann kommt Petrus zu sich und sagt: „Nun weiß ich in Wahrheit, dass der Herr seinen Engel gesandt und mich gerettet hat aus der Hand des Herodes und aller Erwartung des Volkes der Juden“ (Apostelgeschichte 12,11). Der Herr hat es getan. Er bekommt die Ehre, nicht der Engel.

Überall, wo Engel in der Menschenwelt tätig sind, geschieht das im Hinblick auf äußere Umstände. Sie beschützen, helfen, verhindern, befreien, richten, zeigen die Richtung, begleiten, verkündigen ein bevorstehendes Ereignis, geben Aufträge zum Handeln oder Reden. In diesem allem liegt eine große Ermutigung für den Gläubigen.

Auf dem Weg zur Errettung

Engel helfen den Gläubigen auf ihrem Weg auf der Erde. Das Endziel dieses Weges ist „die Errettung“

(Hebräer 1,14). Damit ist das tausendjährige Friedensreich gemeint. Jetzt ist alles auf der Erde noch in Unordnung und Chaos. Das liegt an der Misswirtschaft und dem Fehlverhalten des Menschen. Dann wird Friede herrschen. Das liegt daran, dass der Herr Jesus dann regiert. Und alle, die Ihm angehören, werden den Segen, der von Ihm ausgeht, genießen dürfen.

Jetzt ist es noch nicht so weit. Die Herrschaft über die Welt liegt noch bei dem Satan. Er ist „der Gott dieser Welt“ (2. Korinther 4,4) und „der Fürst dieser Welt“ (Johannes 12,31). Er setzt alles daran, dafür zu sorgen, dass die Gläubigen den Blick auf diese zukünftige Errettung verlieren. Er will sie dazu entmutigen und in schwierige Situationen bringen, so dass sie ihr Vertrauen auf Gott aufgeben.

Die Seereise des Paulus als Illustration

Paulus befand sich in so einer schwierigen Situation an Bord eines Schiffes, das unterzugehen drohte. Er war auf dem Weg nach Rom. Dort sollte er vor dem Kaiser erscheinen. Würde das jetzt nicht verhindert werden? Dann bekommt er Besuch von einem Engel Gottes. Er berichtet davon vor der gesamten Schiffsbesatzung: „Denn ein Engel des Gottes, dem ich gehöre und dem ich diene, trat in dieser Nacht zu mir und sprach: Fürchte dich nicht, Paulus! Du musst vor dem Kaiser erscheinen; und siehe, Gott hat dir alle geschenkt, die mit dir fahren“ (Apostelgeschichte

27,23.24). Aufgrund dieses Wortes spricht er der Besatzung Mut zu. Und beachten wir, dass Paulus über diesen Engel weiter kein Wort sagt. In seiner Ermutigung sagt er: „Denn ich vertraue Gott, dass es so sein wird, wie zu mir geredet worden ist“ – und nicht: „Ich vertraue dem Engel“. Die Geschichte endet daher auch mit den Worten: „Und so geschah es, dass alle an das Land gerettet wurden“ (Apostelgeschichte 27,44).

In der Schiffsreise des Paulus können wir ein Bild der Lebensreise des Christen sehen. So wie auf der Reise des Paulus spielen Engel auch auf der Reise des Christen eine Rolle. Gott setzt seine Engel dann ein, wenn Er es für notwendig hält, und so, wie es zur Situation passt. Der Christ wird in allen Dingen, die ihm auf seiner Reise zur „Errettung“ begegnen, die Hand und die Stimme Gottes erkennen.

Abwesende Engel

Gott setzt Engel ein. Sie spielen auf der Reise des Christen eine Rolle. Bedeutet das nun, dass Gott die Seinen immer von allen Schwierigkeiten erlöst und dazu seine Engel einsetzt? So einfach ist es nicht.

In Apostelgeschichte 12 wird Petrus von einem Engel befreit. Aber am Anfang dieses Kapitels steht, dass Jakobus mit dem Schwert getötet wurde. Passten die Engel gerade nicht auf? Betrachten wir noch einmal Paulus. In Apostelgeschichte 27 sahen wir, dass er auf dem Schiff Besuch von einem Engel bekam. Aber im folgenden Kapitel verbringt er mindestens zwei Jahre in Rom in Gefangenschaft. Kein Engel erscheint, um ihn zu befreien. Konnten die Engel daran nichts ändern? Und als er später zum Tode verurteilt wird, kommt kein Engel, um die Hand des Henkers aufzuhalten. Seit dieser Zeit sind zahllose Christen in Gefängnisse geworfen, grausam gequält und schließlich auf erbarmungslose Weise zu Tode gebracht worden. Es kamen keine Engel, um sie zu erlösen. Auch im Alten Testament finden wir, wie Gott manche mit Hilfe von Engeln beschützt (Daniel 6,23). Aber viele andere Gläubige sind umgekommen (Hebräer 11,35–38), ohne dass Engel herbeieilten, um sie zu befreien. War der Grund dafür mangelndes Interesse?

Natürlich nicht. Engel haben das größte Interesse an dem, was im Leben von Gläubigen geschieht. So wie Legionen bereitstanden, um auf *einen* Seufzer des Herrn Jesus hin herbeizueilen (Matthäus 26,53), standen und stehen sie auch bereit für jeden Gläubigen, der ihre Hilfe nötig hat. Aber sie bestimmen nicht selbst, was das Beste für die Angehörigen des Volkes Gottes ist. Das bestimmt Gott. Dabei ist alles, was die Engel im Leben von leidenden Gläubigen sehen, Belehrung für sie. Sie lernen daraus, was Gott in schwachen Menschen, die auf Ihn vertrauen, bewirken kann.

5. Engel und die Gemeinde Gottes

Engel und die Liebe Gottes

Die Stellung der Engel ist in der Nähe Gottes. Ihre Kraft übersteigt die des Menschen bei weitem. Sie sind gehorsam, sie führen ihre Aufgaben sofort und vollkommen aus. Sie handeln mit Weisheit, wohlüberlegt. Ihre Erscheinung gebietet Ehrfurcht. Sie sind bescheiden, sie lehnen jede Ehrenerweisung ab, die der Mensch ihnen geben will. Sie weisen auf den Einzigen hin, der ein Recht auf Anbetung hat. Sie selbst beten Gott auch an (Nehemia 9,6). Sie huldigen dem, der sie geschaffen hat. Aber nirgendwo lesen wir von Liebe der Engel zu Gott oder Liebe Gottes zu den Engeln. Eine Beziehung der Liebe ist der Gottheit vorbehalten.

Von Ewigkeit her bestand eine Beziehung der Liebe zwischen den göttlichen Personen: dem Vater, dem

Sohn und dem Heiligen Geist. In dieser Liebe hat Gott auch all denen einen Platz gegeben, die an seinen Sohn glauben als den Heiland, der für sie zu sterben bereit war. Der Herr Jesus ist nicht für Engel gestorben, sondern für sündige Menschen. „Denn er nimmt sich fürwahr nicht der Engel an, sondern der Nachkommen Abrahams nimmt er sich an" (Hebräer 2,16). Die Nachkommen Abrahams sind alle, die denselben Glauben besitzen wie Abraham: an einen Gott, der Leben aus dem Tod gibt, und die an diesem Leben Anteil bekommen haben.

Engel blicken auf die Gemeinde

Alle, die nach dem Tod, der Auferstehung und der Himmelfahrt des Herrn Jesus an Ihn glauben, gehören zur Gemeinde. Die Gemeinde ist durch die Ausgießung des Heiligen Geistes entstanden, der vom Herrn Jesus nach seiner Himmelfahrt auf die Erde gesandt wurde (Johannes 16,7 u. a.). Dadurch sind diese Gläubigen „zu *einem* Leib getauft worden" (1. Korinther 12,13). An der Gemeinde haben die Engel ein besonderes Interesse. Durch die Gemeinde wird nämlich „den Fürstentümern und den Gewalten in den himmlischen Örtern [das sind die Engel, sowohl gute als auch böse] ... die mannigfaltige Weisheit Gottes" zu erkennen gegeben (Epheser 3,10).

Die Engel haben Gottes Weisheit in der Schöpfung gesehen und darüber gejubelt (Hiob 38,7). Sie haben auch gesehen, dass Gott Menschen schuf, dass der Mensch die besondere Aufmerksamkeit Gottes genoss und dass Er mit diesem Menschen seine Wege ging. Sie haben sich darüber gewundert, wie Gott mit dem rebellisch gewordenen Menschen handelte. Jetzt aber hat derselbe Gott etwas gezeigt, was noch unbekannt war: dass Er in der Zukunft alle Dinge Christus und der Gemeinde unterwerfen wird. Das war in Gottes Herz verborgen, wird aber jetzt durch die Existenz der Gemeinde den Engeln bekannt gemacht.

Engel sehen die Weisheit Gottes

Was die guten und bösen Engelmächte jetzt an Weisheit sehen, wenn sie auf die Gemeinde blicken, dafür haben sie keine Worte. Diese Weisheit ist so einzigartig, dass sie alle anderen Weisheiten übertrifft. Es ist die „mannigfaltige Weisheit Gottes", d. h. eine Weisheit in allen möglichen herrlichen Aspekten. Und diese Weisheit wird in allen gesehen, die zusammen die Gemeinde bilden.

Dass Gott allmächtig und souverän ist, wussten die Engel schon. Wenn Gott Menschen über die Engel stellen wollte, war das seine Souveränität, seine unumschränkte Macht. Er ist allmächtig und kann das tun. Aber die *Art und Weise*, wie Gott das tut, offenbart seine Weisheit, und darum geht es hier. Er handelt nicht nur in Allmacht, sondern tut es auf vollkommen gerechte Weise und in Übereinstimmung mit allem, was Er in sich selbst ist: die vollkommene Offenbarung von Liebe und Licht.

Der Herr Jesus: von Gott belohnt

Wenn Er die Gemeinde so behandelt, ist Er damit nicht ungerecht gegenüber einem seiner anderen Geschöpfe oder im Widerspruch zu etwas, was Er in sich selbst ist. Die Engel hatten in der Schöpfung eine höhere Stellung als der Mensch. Ist es ungerecht, dass Er jetzt nichtigen, ungehorsamen Geschöpfen, die den Schöpfer ans Kreuz gebracht haben, eine Stellung über diesen Engeln gibt, die Ihm immer treu gedient und nie etwas getan haben, was Er nicht wollte? Nein, denn das Werk, das dafür nötig war, hat der Herr Jesus als Mensch am Kreuz getan. Dort hat Er alles, was Gott ist, Licht und Liebe, offenbart. Er hat Gottes Hass gegen die Sünde und seine Liebe zu dem Sünder in allen ihren Aspekten gezeigt. Dort hat Er alles wiederhergestellt, was durch das Wirken Satans und seiner Engel zerstört worden war. Dort hat Er den Weg frei gemacht, damit Gott alle seine Ratschlüsse erfüllen kann. Gott hat Ihn dafür mit einem Platz über allem belohnt und die Gemeinde dort mit Ihm einsgemacht (Epheser 1,20–23). Die Engel sehen das und erkennen darin Gottes vielfältige Weisheit.

Um der Engel willen

Die Gemeinde wird in der Bibel auch mit einer Frau verglichen. Die Frau darf als Person gegenüber dem Mann als Person zum Ausdruck bringen, was die Gemeinde im Verhältnis zu Christus ist. Dieses Vorrecht darf sie durch ihre Haltung der Unterordnung unter ihren Mann zeigen: „Wie die Versammlung dem Christus unterworfen ist, so auch die Frauen den Männern in allem" (Epheser 5,24).

Diese Haltung der Unterordnung lässt eine Frau auch durch ein äußeres Zeichen erkennen: „Darum soll die Frau eine Macht auf dem Haupt haben um der Engel willen" (1. Korinther 11,10). Eine Macht ist ein Zeichen der Autorität, unter der sie steht. Um das zu zeigen, trägt sie eine Kopfbedeckung, wenn sie betet oder weissagt. Sie tut das „um der Engel willen", von denen in Epheser 3,10 geschrieben steht, dass sie mit größtem Interesse auf die Gemeinde blicken. Und wenn Frauen die Gemeinde darstellen, ist es von größter Bedeutung, dass sie den Engeln einen richtigen und nicht einen falschen Eindruck davon geben.

Nicht kultur- oder zeitgebunden

Deshalb ist es so tragisch, dass das Tragen von Kopfbedeckungen (in den Fällen, in denen Gott es wünscht) immer mehr verschwindet. Oft geschieht das mit dem Argument, dass es sich um eine überholte, kulturgebundene Erscheinung handele. Aber das ist ein gewaltiger Irrtum und eine grobe Irreführung. Die Schöpfungsordnung Gottes ist nicht kultur- oder zeitgebunden. Gott darf in seiner Schöpfung doch wohl noch die Ordnung bestimmen (1. Korinther 11,3) und die Art und Weise, wie diese aufrechterhalten und sichtbar gemacht werden muss? Sich daran zu halten, ist zu seiner Ehre und zum Segen des Menschen. Die Kopfbedeckung und das lange Haar der Frau machen sie zu einem sichtbaren Zeugnis von dem, was die unsichtbare Gemeinde ist.

Leider ist es dem Teufel gelungen, die Kraft dieses Zeugnisses auf nahezu null zu reduzieren. Dass dies bei Frauen der Welt gelingt, braucht niemand zu verwundern. Aber dass er so viel Erfolg bei gläubigen Frauen hat, ist schmerzlich. Gibt es noch Frauen, die danach verlangen, dieses Zeugnis, das zweifellos Schmach mit sich bringt, abzulegen? Gibt es noch Männer, die (ihre) Frauen dazu anregen (nicht: ihnen das als Joch auferlegen)? Möchte die Frau, die ernstlich glaubt, dass es Engel gibt, ihnen nicht ein richtiges Bild von der Gemeinde zeigen?

Was Engel sonst noch sehen

Menschen wollen gern Engel sehen. Sie *haben* auch gelegentlich Engel gesehen. Gott kommt der ungesunden Neugier des Menschen jedoch nicht entgegen – allerdings der gesunden Neugier der Engel.

Die Engel ihrerseits wollen nämlich auch gerne etwas sehen, etwas entdecken, wenn sie auf die Menschen blicken. Es wurde bereits darauf hingewiesen, dass sie auf die Gemeinde blicken, um darin die vielfältige Weisheit Gottes wahrzunehmen. Sie verlangen auch danach, etwas von der Wirkung des Evangeliums zu sehen. Am Evangelium selbst haben sie keinen Anteil. Aber sie verlangen danach, die Dinge zu sehen, die im Evangelium angekündigt sind. Das sind die „Dinge, in welche die Engel hineinzuschauen begehren" (1. Petrus 1,12).

Die Prediger des Evangeliums haben Sündern die Botschaft von der Errettung gebracht. Im Hinblick auf die Errettung von Sündern haben sie von den Leiden Christi und von den Herrlichkeiten danach gesprochen (1. Petrus 1,11). Diese Botschaft muss für die auserwählten Engel ein Wunder gewesen sein. Sie selbst sind in einem Zustand fleckenloser Reinheit und befinden sich in einer Sphäre strahlender Herrlichkeit. Nun sehen sie, dass diese Sphäre der Herrlichkeit schwachen, sündigen, rebellischen, sterblichen Geschöpfen zugänglich gemacht wird. Der einzige Grund, warum diese Geschöpfe in diese Umgebung eintreten können, ist die Gnade Gottes, die ihnen aufgrund des Leidens Christi erwiesen wird.

Engel als Zuschauer

Ist es ein Wunder, dass die Engel so sehr danach verlangen, in diese Dinge hineinzuschauen? Sie sind nur Zuschauer der Gnade, keine Teilhaber der Gnade. Dennoch sind sie erstaunt beim Anschauen der Auswirkungen der Gnade Gottes in sündigen Menschen.

Aber es gibt noch etwas, worauf sie blicken. Sie blicken auch auf das Verhalten derer, die in der Gemeinde eine besondere Aufgabe zu erfüllen haben: „Ich bezeuge ernstlich vor Gott und Christus Jesus und den auserwählten Engeln, dass du diese Dinge ohne Vorurteil beachtest, indem du nichts nach Gunst tust“ (1. Timotheus 5,21). Und Paulus ist sich bewusst, dass Engel auf ihn und seine Mitarbeiter blicken. Er stellt sich selbst den Korinthern als Vorbild hin. Diese waren auf Anerkennung durch die Welt aus und wollten Einfluss auf die Regierung der Welt ausüben. Aber, sagt Paulus, das ist nicht unsere Aufgabe: „Wir sind der Welt ein Schauspiel geworden, sowohl Engeln als auch Menschen“ (1. Korinther 4,9). Das ist etwas anderes als herrschen und regieren und politischen Einfluss ausüben.

Was sieht die Welt, was sehen Engel und Menschen von den Christen? Sehen die Engel, dass sie sich mit ihrem ganzen Leben Christus weihen und mit der Schmach der Welt vorliebnehmen?

6. Die gefallenen Engel

Dämonen und ihr Einfluss

Es ist notwendig, unsere Aufmerksamkeit auch auf die gefallenen Engel oder Dämonen zu richten. Wir leben nämlich in einer Welt, in der wir von dämonischen Mächten umgeben sind, die einen gewaltigen Einfluss auf die Menschen ausüben. Für die Gläubigen brauchen sie glücklicherweise keine Ursache für Angst mehr zu sein. Christen dürfen wissen, dass der Herr Jesus am Kreuz ihre Macht grundsätzlich gebrochen hat. „Als er die Fürstentümer und die Gewalten ausgezogen hatte, stellte er sie öffentlich zur Schau, indem er durch dasselbe [d. h. durch das Kreuz] über sie einen Triumph hielt“ (Kolosser 2,15; Hebräer 2,14; 1. Johannes 3,8). Nur wenn Gläubige sich bewusst mit diesen Mächten einlassen, können Dämonen ihren Einfluss in ihrem Leben geltend machen.

Der Machtbereich Satans und seiner Engel

Wenn Paulus Satan den „Fürsten der Gewalt der Luft“ nennt (Epheser 2,2), meint er mit „Luft“ die Dämonenwelt. Der Machtbereich der Dämonen ist die „Finsternis“ (Epheser 6,12). Als der Herr Jesus sich gefangen nehmen ließ, sagte Er zu der Menge, die zu seiner Gefangennahme gekommen war: „Dies ist eure Stunde und die Gewalt der Finsternis“ (Lukas 22,53). Die gesamte geistliche Finsternis, die in der Welt ist, wird von Dämonen beherrscht. Deshalb wird Satan „der Fürst dieser Welt“ und „der Gott dieser Welt“ genannt (Johannes 12,31; 2. Korinther 4,4).

Diese Dämonen haben noch immer einen gewissen Spielraum, um ihre bösen Aktivitäten zu entwickeln. Ich sage „einen gewissen Spielraum“, denn auch der Satan und seine Engel können nicht mehr tun, als Gott zulässt. Satan gibt das im Fall Hiobs auch zu: Er spricht von einem Schutzzaun um Hiob und sein Haus (Hiob 1,10), den er selbst nicht durchdringen kann. Nur wenn Gott es zulässt, kann Satan etwas gegen Hiob unternehmen. Aber auch dann bestimmt Gott die Grenze (Vers 12).

Bereits gebundene Engel

Es gibt auch Dämonen, die diesen Spielraum, ihr verderbliches Werk zu tun, nicht mehr haben. Diese gefallenen Engel hat Gott in den tiefsten Abgrund (griech. *tartaros*) hinabgestürzt und Ketten der Finsternis überliefert, damit sie aufbewahrt werden für das Gericht (2. Petrus 2,4). Es handelt sich hier um Engel, „die ihren ersten Zustand nicht bewahrt, sondern ihre eigene Behausung verlassen haben“ (Judas 6). An diesen beiden Stellen wird also nicht von allen gefallenen Engeln gesprochen. Es geht um eine bestimmte Gruppe, die auf eine bestimmte Weise gesündigt hat und dafür jetzt schon bestraft wird.

Von diesen Engeln wird gesagt, dass sie „ihre eigene Behausung verlassen haben“. Das bedeutet, dass sie ihre ursprüngliche Stellung nicht eingehalten haben. Gott hat in seiner Schöpfungsordnung jeder Art von Geschöpfen ihren eigenen Platz gegeben. Kein Geschöpf hat das Recht, von sich aus etwas daran zu ändern. Diese Engel haben sich dieses Recht jedoch genommen. Wie sie vorgegangen sind, steht in 1. Mose 6: „Da sahen die Söhne Gottes, dass die Töchter der Menschen schön waren, und sie nahmen sich die zu Frauen, die sie irgend erwählten“ (Vers 2). Im Alten Testament ist „Söhne Gottes“ eine Bezeichnung für Engel, niemals für Menschen; sonst hätte auch der Gegensatz „Söhne Gottes“ und „Töchter der Menschen“ keinen Sinn.

Eine besonders verdorbene Sünde

Diese Engel zogen es vor, einen Platz unter den Menschen einzunehmen und so zu handeln, als ob sie Menschen auf der Erde wären. Diesen offenen

Aufstand gegen Gott, gegen die von Ihm eingesetzte Ordnung, konnte Er nicht ungestraft lassen. Alles, was auf der Erde lebte, hat Er durch die Sintflut umgebracht. Diese Engel „hat er zum Gericht des großen Tages mit ewigen Ketten unter der Finsternis verwahrt“ (Judas 6).

Es gibt also einen Unterschied zwischen diesen Engeln und Satan und seinen Engeln. Satan und seine Anhänger erhoben sich im Hochmut ihres Herzens auf die Ebene Gottes (1. Timotheus 3,6; Jesaja 14,13.14). Als zusätzliche Sünde, die von einer noch tieferen Verdorbenheit dieser Wesen zeugt, erniedrigte sich ein Teil der Engel Satans in der Bosheit ihres Herzens auf die Ebene des Menschen. Es ist auch kennzeichnend für die tiefe Verdorbenheit des Menschen, dass er sich mit diesen gefallenen Wesen einließ. Judas vergleicht das Verhalten dieser Engel im folgenden Vers mit Sodom und Gomorra: „Wie Sodom und Gomorra und die umliegenden Städte, die sich, ebenso wie jene, der Hurerei ergaben und anderem Fleisch nachgingen“ (Judas 7). Sodom und Gomorra wurden von Gott zerstört wegen ihrer sexuellen Entartung. Aus alledem geht hervor, wie abscheulich es für Gott ist, wenn seine Geschöpfe sich auflehnen gegen die Ordnung, die Er in der Schöpfung eingesetzt hat.

Kennzeichen von Dämonen

Satan und seine Engel haben durch ihren Fall ihren Willen, ihr Gefühlsleben und ihre große Intelligenz nicht verloren. Überall in der Bibel wird ihre Schlauheit und Erkenntnis betont. Sie kennen Jesus, sie verbeugen sich vor Ihm und erkennen Ihn als Sohn des Höchsten, als Heiligen Gottes an (Markus 1,24; 5,6.7; Lukas 4,34). Aber niemals nennen sie Ihn „Herr“. Zu dieser Anerkennung werden sie in der Zukunft gezwungen werden (Philipper 2,10.11). Dämonen glauben, dass Gott *einer* ist, d. h., sie bekennen dieselbe Wahrheit wie die Juden. Doch dieser Glaube ist nur ein intellektueller Glaube. Er bewirkt bei den Dämonen nur Zittern (Jakobus 2,19). Sie erkennen an, dass es zwischen dem Herrn Jesus und ihnen keine Gemeinschaft geben kann (Lukas 8,28). Sie erkennen seine Autorität an, wenn sie Ihn um eine Gunst bitten (Lukas 8,31). Sie gehorchen, wenn Er ihnen gebietet, von Menschen auszufahren (Markus 1,25.26; 9,25.26). Dämonen geben Menschen, die in ihrer Macht sind, eine enorme Kraft (Markus 5,3.4; Apostelgeschichte 19,15.16). Auch treiben sie ihre Opfer zu Selbstverletzung oder Selbstzerstörung (Markus 5,5). Sie sind sich bewusst, dass ihre ewige Bestimmung Qual und Verderben ist (Matthäus 8,29; Lukas 4,34; Offenbarung 12,12). Ihr einziges Ziel ist es, so viele Menschenleben wie möglich zu zerstören (Lukas 9,39; Johannes 10,10; 1. Petrus 5,8) und an ihren eigenen ewigen Bestimmungsort mitzureißen (Matthäus 25,41). Menschen gehen verloren, weil „der Gott dieser Welt den Sinn der Ungläubigen verblendet hat, damit ihnen nicht ausstrahle der Lichtglanz des Evangeliums der Herrlichkeit des Christus, der das Bild Gottes ist“ (2. Korinther 4,4).

Satan hat Erfahrung mit dem Menschen

Satan ist nicht allwissend. Dämonen sind nicht allwissend. Sie können keine Gedanken lesen oder in das Herz eines Menschen blicken. Das kann nur Gott, vor dem alles „bloß und aufgedeckt" ist (Hebräer 4,13). Aber sie haben doch eine jahrhundertelange Erfahrung im Umgang mit Menschen. Sie wissen genau, wie Menschen auf bestimmte Dinge reagieren. Man kann das mit Menschen vergleichen, die durch Beobachtung und Umgang mit Tieren wissen, wie diese Tiere auf irgendetwas reagieren. Schlau wie sie sind, stellen sich Satan und seine Engel geschickt auf die Begierden des Menschen ein. Dadurch ist die Sünde in die Welt gekommen.

Der Teufel hat all seine Erfahrung eingesetzt, all seine Listen ausprobiert, um den Herrn Jesus zur Sünde zu verleiten. Ohne den kleinsten Erfolg erzielt zu haben, „wich er für eine Zeit von ihm" (Lukas 4,13). Wie kam es, dass er bei dem Herrn Jesus nichts ausrichten konnte? Weil dieser jede Versuchung mit einem Text aus dem Wort Gottes abwehrte. Die Ungläubigen sind sowieso in seiner Macht. Gläubige bekommt er zu fassen, wenn sie das Wort Gottes nicht mehr als Norm auf alle Aspekte ihres Lebens anwenden.

Die Vorgehensweise Satans und seiner Engel

So wie die auserwählten Engel „dienstbare Geister" genannt werden (Hebräer 1,14), nennt die Bibel die

Dämonen „böse Geister“ (Lukas 8,2). Auch an anderen Stellen werden Dämonen „Geister“ genannt (Matthäus 8,16; Lukas 10,17.20; Offenbarung 16,14). Sie sind besonders aktiv im Verderben der Wahrheit und im Verbreiten der Lüge (1. Timotheus 4,1–3; 1. Johannes 4,1–3). Ihr böser Charakter kommt speziell auch in Unreinheit zum Ausdruck. Deshalb lesen wir häufig von „unreinen Geistern“ (Matthäus 10,1; Markus 1,27; 3,11; Apostelgeschichte 8,7; Offenbarung 16,13).

Satan geht nicht nur „wie ein brüllender Löwe“ umher (1. Petrus 5,8), sondern er zeigt sich auch als „Engel des Lichts“ (2. Korinther 11,14). Er kommt nicht immer in Holzschuhen, mit viel Lärm, sondern auch auf Zehenspitzen, schleichend, unhörbar. Er vergiftet das Denken der Menschen, indem er ihnen Freiheit verspricht (vgl. 2. Petrus 2,19). Er benutzt dafür falsche Lehrer. Diese erzählen schöne Geschichten über die Freiheit, zu tun, was man selbst will, als ob das den höchsten Genuss verschaffen würde. So haben unreine Geister sexuelle Freiheit gepredigt. Die Folgen? Kaputte Ehen, abnorme Formen des Zusammenlebens (Homo-Ehe), zerrüttete Familien, zügellose Jugendliche, Aids. Was als Freiheit angepriesen wird, erweist sich als tödliche Gebundenheit. Erschütternd viele lassen sich ködern. Nur die Kenntnis der Wahrheit (des Wortes Gottes) macht wirklich und dauerhaft frei (Johannes 8,32). Wer durch den Sohn frei gemacht wird, ist wirklich frei (Johannes 8,36).

Auserwählte Engel: Handelnde oder Zuschauer

Engel als Handelnde zugunsten von Gläubigen kommen in der Bibel vor allem im Alten Testament, in den Evangelien, der Apostelgeschichte und der Offenbarung vor. Besonders in der Offenbarung scheint es eine explosionsartige Vermehrung von Engelaktivitäten zu geben. Sie werden dort mehr als fünfzigmal erwähnt. Aber dort geht es auch um Gottes öffentliches Handeln mit der Erde. Das ist genau das Kennzeichen der genannten Bibelteile: In ihnen stehen die Erde und das Leben der Gläubigen auf der Erde im Mittelpunkt.

In den Briefen des Neuen Testaments, die sich auf die Zeit der Gemeinde beziehen, wird nicht oft etwas über Engel gesagt. Und wenn sie erwähnt werden, wird keine Tätigkeit beschrieben, sondern eine Haltung. In ihnen steht vor allem der Himmel im Mittelpunkt. Das kommt daher, dass das Leben des neutestamentlichen Gläubigen unlöslich mit dem Herrn Jesus im Himmel verbunden ist. Natürlich spielt sich das Leben des neutestamentlichen Gläubigen auch auf der Erde ab. Dennoch ist das ganze Ziel seines Lebens der Himmel (Philipper 3,14), weil Christus sich dort befindet (Kolosser 3,1–4). Ein Christ im vollen, biblischen Sinn des Wortes ist jemand, der auf der Erde verwirklicht, dass Gott ihn hat „mitsitzen lassen in den himmlischen Örtern in Christus Jesus" (Epheser 2,6). Der Gläubige des Neuen Testaments ist „gesegnet mit jeder geistlichen Segnung in den himmlischen Örtern in Christus“ (Epheser 1,3). Er lebt auf der Erde, aber nicht für die Erde. Er lebt für den Himmel.

Sicher gebraucht Gott auch in dieser Zeit seine Engel zugunsten der Gläubigen. Aber Er tut das nicht so öffentlich wie im Alten Testament, in den Evangelien, der Apostelgeschichte und der Offenbarung. In den Briefen sind die auserwählten Engel größtenteils Zuschauer. Wenn sie ausgesandt werden, scheinen sie selbst meist unauffällig zu bleiben. Nur ihr Wirken fällt manchmal auf.

Gefallene Engel: Zuschauer oder Handelnde

Auch gefallene Engel blicken auf Menschen. Auch sie sehen die Weisheit Gottes in der Gemeinde. Ihre Aktivitäten sind durch die ganze Bibel hindurch zu finden. Aber mehr denn je sind sie in der Zeit des Neuen Testaments aktiv. Das hat mit der Endzeit zu tun. Satan weiß, dass er nur noch wenig Zeit hat. Es hat auch mit jener großen Offenbarung der Weisheit Gottes in der Gemeinde zu tun. Satan und seine Engel sind mit einem unauslöschlichen Hass gegen alles, was Gott tut, erfüllt. Je großartiger das Werk Gottes, desto größer die Glut ihres Hasses, und desto verbissener werden Satan und seine Dämonen auch ihr Bestes tun, dieses Werk zu zerstören. Besonders im Brief an die Epheser werden die höchsten Segnungen beschrieben, die Gott dem Christen gegeben hat. Gerade dort lesen wir von den Listen des Teufels (Epheser 6,11b).

Der Teufel hat alle möglichen Strategien – z. B. Entmutigung, Enttäuschung, Verwirrung, sittliches Versagen, lehrmäßige Verirrung –, um dem Gläubigen den Genuss seiner geistlichen Segnungen zu rauben. Alle seine Listen passen zu ihm als Vater der Lüge (Johannes 8,44). Immer wird er die Wahrheit verdrehen. *Der* Beweis dafür steht schon in 1. Mose 3,1. Dort finden wir die ersten Worte, die der Teufel in der Bibel spricht. Er tut so, als würde er Gott zitieren, aber er tut das auf seine eigene Weise. Das Ergebnis ist der Sündenfall des Menschen. So geht er immer vor. Die Folge ist, dass für den Gläubigen, der Gottes Segen wertschätzt und ihn genießen möchte, ein Kampf entbrennt „gegen die Fürstentümer, gegen die Gewalten, gegen die Weltbeherrscher dieser Finsternis, gegen die geistlichen Mächte der Bosheit in den himmlischen Örtern“ (Epheser 6,12). Im Menschen selbst ist dafür keinerlei Kraft vorhanden. Daher der Aufruf, stark zu sein „in dem Herrn und in der Macht seiner Stärke“ (Epheser 6, 10). Gleichzeitig stellt Gott eine vollständige Waffenrüstung zur Verfügung, und zwar seine eigene (Epheser 6,13–18).

7. Die Zukunft der Engel

Die Zukunft Satans und seiner Engel

Die endgültige Bestimmung Satans und seiner Anhänger ist die Hölle. Bevor sie dort hinkommen, werden sie zuerst aus dem Himmel geworfen. Dort haben sie jetzt noch Zugang, um die Gläubigen bei Gott anzuklagen (Hiob 1,9–11; Sacharja 3,1; Offenbarung 12,10). Doch diese arglistige Aktivität findet ein Ende. Satan und seine Engel werden auf die Erde hinabgeworfen (Offenbarung 12,9). In großer Wut verfolgt Satan alle, die mit Gott in Verbindung stehen. Aber auch diese bösartige Aktivität findet ein Ende. Beim Kommen des Herrn Jesus aus dem Himmel werden zuerst seine beiden größten Mitstreiter, das Tier und der falsche Prophet, ergriffen. Ihr Urteil wird ohne Prozess vollstreckt: „Lebendig wurden die zwei in den Feuersee geworfen, der mit Schwefel brennt" (Offenbarung 19,20).

Danach kommt ein Engel aus dem Himmel, „der den Schlüssel des Abgrunds und eine große Kette in seiner Hand hatte. Und er griff den Drachen, die alte Schlange, die der Teufel und der Satan ist; und er band ihn tausend Jahre und warf ihn in den Abgrund und schloss zu und versiegelte über ihm“ (Offenbarung 20,1–3a). Der „Abgrund“ ist nicht die Hölle. Es ist der Ort, wo Satan seine „Untersuchungshaft“ absitzt, ohne jede Bewegungsfreiheit. „Und wenn die tausend Jahre vollendet sind, wird der Satan aus seinem Gefängnis losgelassen werden und wird ausgehen, um die Nationen zu verführen“ (Offenbarung 20,7.8a). Wenn er diesen – seinen letzten – Aufstand organisiert hat, vollzieht Gott das endgültige Gericht: „Und der Teufel, der sie verführte, wurde in den Feuer- und Schwefelsee geworfen, wo sowohl das Tier ist als auch der falsche Prophet; und sie werden Tag und Nacht gepeinigt werden von Ewigkeit zu Ewigkeit“ (Offenbarung 20,10).

Menschen: höher als die auserwählten Engel

Die Engel wurden früher erschaffen als der Mensch. Sie sind dem Menschen an Kraft und Weisheit überlegen. Sie sind die Träger des Thrones Gottes und umgeben den Thron. Sie befinden sich in der unmittelbaren Nähe Gottes. Sie gehorchen sofort jedem Befehl Gottes. Dennoch wird der Mensch eine Stellung über den Engeln erhalten. Das ist die Folge des Werkes Christi am Kreuz.

Gott hat Christus aufgrund seines Werkes zu seiner Rechten in den himmlischen Örtern gesetzt, „über jedes Fürstentum und jede Gewalt und Kraft und Herrschaft …, und ihn als Haupt über alles der Versammlung gegeben, die sein Leib ist“ (Epheser 1,20–23). Die Gemeinde (die aus erlösten Menschen besteht) ist einsgemacht mit dem Menschen Christus Jesus. Dadurch haben diese Menschen Anteil an allem, was Er als Mensch bekommen hat: dem Erbteil, Himmel und Erde und der Regierung darüber (Epheser 1,10.11).

Engel: den Menschen unterworfen

Die zukünftige Regierung über die Erde ist nicht Engeln anvertraut. Darüber lässt Hebräer 2,5 keinen Zweifel und kein Missverständnis: „Denn nicht Engeln hat er den zukünftigen Erdkreis unterworfen.“ Von diesem Vers an beschreibt der Autor in Hebräer 2 die Herrlichkeit des Herrn Jesus. Wir haben gesehen, wie er diese bereits in Kapitel 1 beschreibt. Dort macht er deutlich, wie sehr der Herr Jesus als Sohn Gottes über die Engel erhaben ist. In Hebräer 2 jedoch beschreibt er seine Herrlichkeit in Verbindung mit dem kommenden Erdkreis. Deshalb richtet er die volle Aufmerksamkeit auf seine Herrlichkeit als Sohn des Menschen. Auch hier ist der Anlass ein Vergleich mit den Engeln, nur werden sie hier völlig ausgeschlossen. In Hebräer 1 hatten sie ihren Platz, um zu zeigen, wie sehr der Herr Jesus über sie erhaben ist. In Hebräer 2 haben sie keinen Platz, denn sie regieren den zukünftigen Erdkreis nicht. Den Platz der Regierung wird Gott bald dem Sohn des Menschen übergeben. Die Gläubigen dürfen dann mit Ihm regieren. Sie werden sogar Engel regieren (1. Korinther 6,3), d. h. ihnen Aufträge geben.

Engel im Friedensreich

Wenn der Herr Jesus als Sohn des Menschen öffentlich regieren wird und die Gemeinde mit Ihm, werden „die Engel Gottes auf- und niedersteigen auf den Sohn des Menschen“ (Johannes 1,51). Beachten wir die Reihenfolge! Sie steigen zuerst vom Sohn des Menschen auf. Das bedeutet, dass der Herr Jesus als König auf der Erde regiert. Die Engel werden zwischen Erde und Himmel hin- und herreisen, um seinen Willen, der dann sowohl im Himmel als auch auf der Erde vollkommen geschieht, zu vollbringen. Himmel und Erde sind dann vereint. Das ist die volle Erfüllung des Lobpreises, der Gott in der Nacht dargebracht wurde, als der Herr Jesus geboren wurde: „Und plötzlich war bei dem Engel eine Menge des himmlischen Heeres, das Gott lobte und sprach: Herrlichkeit Gott in der Höhe und Friede auf der Erde, an den Menschen ein Wohlgefallen!“ (Lukas 2,13.14).

Buchempfehlung

Ger de Koning

Die Briefe an die Thessalonicher

Reihe: Eine Auslegung speziell für dich

Klappenbroschur, 132 Seiten
€ 7,95

Best.-Nr.: 304.556

Die Thessalonicherbriefe richten sich an eine sehr junge Gemeinde. In vertrautem Ton schreibt Paulus seinen geistlichen Kindern wie ein Vater, der ihr Wohl sucht und wünscht, dass sie im Glauben wachsen. Die Gläubigen wurden verfolgt und hatten manche Kämpfe zu bestehen. Zugleich zeugten sie in ihrer Umgebung treu vom Herrn. Eines der Hauptthemen in beiden Briefen ist das Kommen des Herrn, sowohl zur Entrückung der Gemeinde als auch eine Zeitland später zum Gericht.

Die Reihe „Eine Auslegung speziell für dich" wurde besonders für junge Christen geschrieben. Leicht verständlich und ohne oberflächlich zu sein, gelingt es dem Autor, Freude am Bibellesen zu wecken.

Weiter erschienen sind die Kommentare zu den Briefen Römer - Kolosser. Siehe nebenstehende Auflistung.

Peters, Benedikt, *Lasst uns anbeten!* (304.507)	2,90
Peters, Benedikt, *Weltreligionen* (304.523)	3,90
Schürmann/Isenberg – *Der vergessene Reichtum* (304.556)	24,90
Stein, Alexander vom, *CREATIO – Bibl. Schöpfungslehre* (304.540)	19,95
Stein, Alexander vom, *CREATIO*, portugiesisch (304.541)	24,95
Stein, Alexander vom, *CREATIO*, russisch (304.540rus)	19,95
Stein, Alexander vom, *Was nun, Mr. Darwin?* (304.557)	2,90
Steinmeister, Andreas, *... ihr alle aber seid Brüder* (304.534)	7,90
Steinmeister, Andreas, *Abraham und Lot* (304.505)	3,95
Steinmeister, Andreas, *Licht und Schatten – König Asa* (304.552)	5,95
Steinmeister, Andreas, *Wer ist ein Gott wie Du? – Der Prophet Micha* (304.510)	8,95
Vedder jr., Eugene P., *Geht auch ihr in den Weinberg* (304.503)	2,95
Volk, Axel, *Was lernen unsere Kinder?* (304.543)	3,95
Willis, George C., *Sei guten Mutes* – Hörbuch zu *Verborgene Schätze im griech. Neuen Testament* (304.528)	11,95
Willis, George C., *Verborgene Schätze im griech. Neuen Testament* (304.525)	7,95
Willkommen, kleines Geschöpf – Meine erste Kinderbibel (304.500)	5,90

www.daniel-verlag.de
Daniel-Verlag, Lychener Straße 7, 17279 Lychen

Daniel